Unser Lesetipp

in die Hand!

Der Titel ist ebenfalls im Heragon Verlag erschienen!

Sofortwissen kompakt:
Zeitmanagement
Selbstorganisation in 50 x 2 Minuten.
ISBN 978-3-941574-11-3, € 6,80 [D], € 7,00 [A]

Sofortwissen kompakt
by Heragon Verlag

Qualitätsmanagement

Qualitätsmanagementnormen beschreiben, welche Anforderungen das Management erfüllen muss, um einem bestimmten Standard zu entsprechen.

- Das EFQM-Modell (europäisch ausgerichtet) ist ein Wettbewerbsmodell, das nicht auf Erfüllung von Vorgaben, sondern auf Selbstverantwortung in der Bewertung zielt. Zentrales Anliegen ist die ständige Verbesserung durch Innovation und Lernen in sämtlichen Unternehmensbereichen.
- Die Normenreihe EN ISO 9000 ff. dokumentiert Grundsätze für Maßnahmen zum Qualitätsmanagement. Die Normen sind grundsätzlich prozessorientiert aufgebaut.

Qualitätsmanagement

Qualitätsmanagement (QM) ist ein Begriff für alle Maßnahmen, die der systematischen Verbesserung von Produkten, Prozessen und Leistungen im Unternehmen dienen. Es umfasst Qualitätsplanung, Qualitätslenkung, Qualitätssicherung und Qualitätsverbesserung.

Welche wichtigen Methoden kommen dabei zum Einsatz?

BWL

Betriebliche Organisation

- **Organisationsplanung:** Aus allgemeinen, dauerhaften Festlegungen für gleichartige Vorgänge werden Anweisungen und Vorschriften abgeleitet.
- **Disposition:** Planmäßige Regelungen für Einzelvorgänge im Rahmen eines Entscheidungsspielraumes.
- **Improvisation:** Außerplanmäßige Regelung für Einzelvorgänge (unvorhersehbare Ereignisse).

Ziel ist ein ausgewogenes Verhältnis zwischen Stabilität und Flexibilität. Vermieden werden sollen Überorganisation (Starrheit, Bürokratie) oder Unterorganisation (Unsicherheit, zu große Spielräume).

Betriebliche Organisation

Die betriebliche Organisation umfasst das Strukturieren von Befugnissen, Aufgaben und Vorgängen im Unternehmen. Damit sie funktioniert, ist Folgendes notwendig:

- Teilbarkeit von Aufgaben: Eine Aufgabe muss in verschiedene Arbeitsschritte zerlegbar sein.
- Wiederholung gleicher Aufgaben: Dauerhafte Regelungen sind nur sinnvoll, wenn Aufgaben wiederholt oder Strukturen mehrfach genutzt werden.

BWL

Klassische Führungsstile

› **autoritär:** Der Vorgesetzte gibt Anweisungen, ohne die Mitarbeiter einzubeziehen. Vorteile: schnelle Entscheidungen und Kontrolle, kurzfristige Leistungssteigerung. Nachteile: Demotivation, Unselbstständigkeit, Fehlentscheidungen.

› **kooperativ (demokratisch):** Mitarbeiter werden einbezogen, der Vorgesetzte erwartet Unterstützung und Initiative, Fehler werden analysiert. Vorteile: Motivationsgewinn, Selbstständigkeit, Fehlerreduzierung. Nachteile: lange Entscheidungswege, Konflikte.

› **laissez-faire:** Der Vorgesetzte hält sich weitgehend aus den Entscheidungen heraus. Vorteile: Förderung von Kreativität und Individualität. Nachteile: Unsicherheit, Disziplinlosigkeit, Chaos.

Klassische Führungsstile

Personalführung ist die gezielte Einflussnahme auf die Willensbildung von Mitarbeitern sowie das Einwirken auf eigenes und fremdes Handeln, um bestimmte unternehmerische Ziele zu erreichen. Aus diesem Anspruch haben sich unterschiedliche Führungsstile entwickelt.

BWL

Management-by-Techniken

- **Management by Exception (MbE):** Führung nach dem Ausnahmeprinzip, eigenständiges Handeln der Mitarbeiter. Die Führung greift nur bei starken Abweichungen und in Notfällen ein. Nachteil: eher passive Wahrnehmung der Leitung, da diese erst bei Fehlern aktiv wird.
- **Management by Delegation (MbD):** Führung durch Aufgabenübertragung. Die Führung überträgt Abläufe, Routinen und kleinere Projekte an die Mitarbeiter und stattet diese mit der nötigen Kompetenz aus. Empfehlenswert nur bei eingespielten Teams mit hoher Fachkompetenz.

Management-by-Techniken

Moderne Führungstechniken als Alternative zum retrograden Weg sollen Motivation, Eigeninitiative und Leistung der Mitarbeiter steigern, die Führungsebene von Routineaufgaben entlasten und sich wandelnde Marktverhältnisse berücksichtigen. Schon 1955 entwarf Peter F. Drucker unterschiedliche Varianten moderner Managementtechniken.

› **Management by Objectives (MbO):** Führung durch Zielvereinbarung. Gemeinsam mit den Mitarbeitern werden Ziele entwickelt. Ihre Erreichung bleibt weitgehend den Mitarbeitern überlassen. Bei Zielabweichungen greift die Führung beratend und steuernd ein.

BWL

Top-Down-Prinzip

Bei dieser konventionellen Art der Planung wird vorausgesetzt, dass die oberste Führungsebene den besten Überblick im Unternehmen hat, die Situation aufgrund der umfangreichsten Informationsdichte am kompetentesten beurteilen kann und ihr die strategische Planung und Entscheidungshoheit obliegt. Voraussetzung ist ein gut abgestimmter Informationsfluss sowie ein hoher Koordinationsaufwand, damit „unten" auch das Ergebnis entsteht, das „oben" geplant war.

Top-Down-Prinzip

Das Top-Down-Prinzip (retrograde Planung) ist die klassische Form der unternehmerischen Planung: Die Unternehmensleitung (Top-Management) gibt grundlegende strategische Rahmenplanungen und Unternehmensziele vor, mittlere und untere Managementebenen gliedern sie in entsprechende Teilpläne und setzen sie um.

BWL

Unternehmensidentität

Die Unternehmensidentität, auch CI (Corporate Identity), ist ein strategisches Instrument, das der Selbstdarstellung dient und die Grundlage aller Kommunikationspolitik bildet. Sie muss in sich schlüssig sein. Zur CI gehören mehrere Bereiche:

- **Corporate Behavior:** Verhalten der Mitarbeiter untereinander und gegenüber Außenstehenden (Service, Freundlichkeit)
- **Corporate Communication:** Gesamtheit der Kommunikationsaktivitäten (mit einer Stimme sprechen)
- **Corporate Design:** einheitliches visuelles Erscheinungsbild (Logo, Drucksachen)
- **Corporate Governance:** Transparenz der (Groß-)Unternehmen gegenüber der Öffentlichkeit

Unternehmensidentität

Durch verbindliche Leitbilder im Unternehmen kann eine Unternehmensidentität entwickelt werden, die in eine Unternehmenskultur oder -philosophie mündet – ein Wertesystem von Vorstellungen, Orientierungsmustern und Verhaltensnormen, welche das Verhalten der Mitarbeiter prägt. Die Unternehmensidentität kann in verschiedene Bereiche gegliedert werden – welche?

BWL

Motivation

- **Die Bedürfnispyramide nach Maslow** differenziert Bedürfnisse und beschreibt Motivationen.
- **Das Zwei-Faktoren-Modell nach Herzberg** unterscheidet zwischen intrinsischer (innerer) und extrinsischer (äußerer) Motivation. Intrinsisches Motiv: Arbeitsinteresse, Idealismus. Extrinsisches Motiv: Geld, Anerkennung.
- **Die ERG-Theorie nach Alderfer** unterscheidet Existenzbedürfnisse (existence needs), Beziehungsbedürfnisse (relatedness needs) und Wachstumsbedürfnisse (growth needs). Nach Alderfer ist es möglich, diese gleichzeitig zu verfolgen.

Motivation

Erfolgreiche Führung hängt eng mit der Motivation der Mitarbeiter zusammen. Motivation kann durch monetäre (finanzielle Anreize) und nichtmonetäre (Privilegien, Befugnisse) gefördert werden. Im Idealfall entsteht Arbeitsleistung aus eigener Überzeugung und persönlichem Interesse.

Welche Motivationstheorien sind wichtig?

BWL

Zielbildungsprozesse

Die sogenannte SMART-Formel definiert Eigenschaften von Zielen:

- S - spezifisch:
  Das Ziel muss eindeutig formuliert sein.
- M - messbar:
  Das Ziel muss quantitativ oder qualitativ messbar sein.
- A - angemessen:
  Das Erreichen des Ziels muss in sinnvollem Verhältnis zum Aufwand stehen.
- R - realistisch:
  Das Ziel muss erreichbar sein.
- T- terminiert:
  Das Ziel muss termingebunden sein.

Zielbildungsprozesse

Klare Ziele sind für alle betrieblichen Prozesse und Aufgaben unabdingbar. Dabei sind die Zielstellungen recht vielfältig. Bei der Formulierung der Ziele sind einige Punkte zu beachten – welche?

BWL

Planungsarten

Drei Bereiche werden durch unterschiedliche zeitliche Horizonte definiert:

- strategisch: langfristige Ziele und Planungen, die üblicherweise zwischen zwei und fünf Jahren liegen
- taktisch: mittelfristige Ziele und Planungen, die zwischen einem und vier Jahren liegen können
- operativ: Ziele und Planungen, die zwischen einigen Tagen, Wochen oder mehreren Monaten liegen können

Analog sind die Verantwortlichkeiten aufgeteilt: Das Top-Management legt strategische Ziele und Planungen fest, das Middle-Management taktische und das Lower-Management operative Ziele.

Planungsarten

Planung ist die gedankliche Vorwegnahme zukünftiger Ereignisse, um strukturiert Entscheidungen vorzubereiten und Ziele zu definieren. Planung und Zielsetzung gliedern sich in verschiedene zeitliche Abschnitte. Die Führungsebene im Unternehmen setzt dies durch verschiedene Planungsprinzipien um.

Bei der Planung unterscheidet man drei Bereiche: strategische, taktische und operative Planung.

BWL

Gegenstromverfahren

Beim Gegenstromverfahren beginnt die Planung auf der obersten Leitungsebene. Die strategischen Ziele und Pläne werden jedoch nur vorläufig entwickelt und aus ihnen Teilpläne abgeleitet (Top-Down-Vorlauf). Im nächsten Schritt werden die Pläne durch die untere Managementebene auf Durchführbarkeit untersucht und gegebenenfalls korrigiert. Im Anschluss werden die Ergebnisse wieder nach oben gegeben, wo sie zusammengefasst und entschieden werden.

› **Vorteile:** Fehlervermeidung, höhere Motivation, Einbindung aller Führungsebenen in die Planung
› **Nachteile:** erhöhter Zeitaufwand, Abstimmungsprobleme

Gegenstromverfahren

Das Gegenstromverfahren verbindet die klassischen Führungsprinzipien Bottom-Up und Top-Down miteinander. Hierbei werden alle Leitungsebenen mehrfach durchlaufen. Ziel ist es, die Nachteile und Schwächen der beiden Planungsprinzipien auszugleichen und daraus resultierende Fehler zu vermeiden.

BWL

Aufbauorganisation

Einliniensystem

Eine untergeordnete Stelle erhält von einer übergeordneten Stelle Weisungen.

- **Vorteile:** klare Regelung, gute Kontrollmöglichkeiten
- **Nachteile:** Überlastung der Führungsspitze, lange Dienstwege

Mehrliniensystem

Aufträge werden durch die Art der betreffenden Aufgabe festgelegt, übergeordnete Stellen können auf untergeordnete zugreifen.

- **Vorteile:** Entlastung der Führungsspitze, Verkürzung der Kommunikationswege
- **Nachteile:** Schwammige Abgrenzung von Weisungskompetenzen

Aufbauorganisation

Die Aufbauorganisation beschäftigt sich mit der hierarchischen Struktur des Unternehmens. Sie gliedert Aufgaben in Bereiche und legt Stellen und Abteilungen fest, die diese bearbeiten sollen. Durch sie werden Kompetenzen, Rangordnungen und Weisungsbefugnisse sowie Kommunikationswege determiniert. Oft wird das Ergebnis in Form eines Organigramms festgehalten.

Um Aufgaben zu verteilen, wird meist das Analyse-Synthese-Konzept verwendet. Dabei werden Aufgaben analysiert, nach Kriterien gegliedert, zusammengefasst und in Stellen und Abteilungen gebündelt. Zwei Systeme: Einliniensystem und Mehrliniensystem.

BWL

Unternehmensleitbild

Während breit formulierte Unternehmensphilosophien einen Interpretationsspielraum zulassen, ist ein Leitbild eher konkret: Es liefert langfristig den strategischen Handlungsrahmen und eine Perspektive für Entscheidungen auf allen Führungsebenen, es formuliert Sollvorstellungen, die von allen umgesetzt und getragen werden. Ein Leitbild gliedert sich meist in zwei Bereiche:

- Grundzwecke: Art der Leistungen, spezifische Eigenschaften, Zielgruppen, Marktabgrenzung
- Verhaltensgrundsätze: Richtlinien im Verhalten gegenüber Stakeholdern (insbesondere Führungskräften und Mitarbeitern), Kunden und Lieferanten, Kapitalgebern, Staat und Öffentlichkeit

Unternehmensleitbild

Ein Unternehmensleitbild ist eine schriftlich fixierte Vision des Unternehmens. Es wird entwickelt aus einer Unternehmensphilosophie oder direkt aus Zielen und Maximen des Unternehmers. Es soll ein verbindliches Gerüst für das Handeln der Mitarbeiter und die Wahrnehmung des Unternehmens in der Außen- und Innendarstellung bilden.

BWL

Innenfinanzierung

- Überschussfinanzierung: Die finanziellen Mittel werden durch Überschüsse aus Verkäufen gewonnen (Selbstfinanzierung).
- Finanzierung aus Abschreibungen und Rückstellungen: Durch Abschreibungen werden Gewinne steuerlich gesenkt und finanzielle Mittel frei. Rückstellungen sind Ansparungen, die für diverse Zwecke gebildet wurden (Pensionsrückstellungen, Havarierückstellungen). Werden sie nicht abgerufen, können sie ins Unternehmen zurückfließen.
- Finanzierung aus Vermögensumschichtungen: Das Unternehmen veräußert Beteiligungen an anderen Unternehmen oder verkauft Wertpapiere an der Börse.

Innenfinanzierung

Jedes Unternehmen sollte einen gewissen Anteil seines Finanzbedarfs aus eigenen Mitteln bestreiten, um seine Souveränität zu wahren. Der Anteil der Innenfinanzierung spiegelt sich vor allem in der Eigenkapitalquote wider.

Welche Formen der Innenfinanzierung gibt es?

BWL

Ablauforganisation

- **Ablaufdiagramm:** Symbole, die Verrichtungen (z.B. bearbeiten, transportieren) markieren, stellen Arbeitsabläufe in logischer und zeitlicher Reihenfolge grafisch dar. Es können Schwachstellen aufgedeckt und Zeiten ermittelt werden.
- Das **Flussdiagramm** ist ähnlich aufgebaut, hierbei sind die Symbole aber nach DIN 66001 genormt.
- **Das Gantt-Diagramm** (nach H. Gantt), auch Balkenplan genannt, stellt Vorgänge als Balken übereinander auf einer Zeitachse dar. Es wird oft für Urlaubs- und Schichtplanungen verwendet.
- **Netzplantechnik:** Hier werden Vorgänge grafisch in Vorgangsknoten dargestellt und miteinander verbunden.

Ablauforganisation

Die Ablauforganisation (auch: Prozessorganisation) hat die Optimierung von betrieblichen Abläufen (Prozessen) zum Ziel. Sie ermittelt und definiert Arbeitsprozesse unter Berücksichtigung von Raum, Zeit, Sachmitteln und Personen.

Welche Techniken werden eingesetzt, um die Aufgaben zeitlich, personell und lokal optimal zu organisieren?

BWL

Mehr als nur Kontrolle ...

Kontrolle als Ergebnismessung ist sowohl in der Mitarbeiterführung als auch bei Ausrichtung und Gestaltung des Unternehmens wichtig. Der Bereich wird zumeist im Begriff Controlling zusammengefasst, der weit mehr als bloße Kontrolle meint. Er beinhaltet vielmehr Planung, Steuerung und ein komplexes System von Berechnungen und Werkzeugen. Der Teil, der sich mit den Berechnungen von Umsatz, Gewinn und deren Steuerungsgrößen befasst, ist im Unternehmen von besonderer Bedeutung. Klassische Instrumente sind hier die Deckungsbeitragsrechnung, die Break-even-Analyse sowie die Kennzahlen Cashflow und Rentabilität.

Mehr als nur Kontrolle ...

Ein Unternehmen zu führen bedeutet, verschiedene Faktoren zu berücksichtigen, Entscheidungen zu treffen und alle betrieblichen Komponenten im Einklang zu halten. Kennzahlen, Planung und Organisation sind dabei wichtige Hilfsmittel. Neben der eigentlichen Führung ist Kontrolle ein bedeutsamer Bereich.

BWL

Bottom-Up-Verfahren

Beim Bottom-Up-Verfahren werden Planungsansätze von der untersten Leitungsebene entwickelt, die den engsten Bezug zur Basis hat. Hier kann am besten eingeschätzt werden, was mit dem gegebenen Potential realisierbar ist. Danach werden die Vorschläge an die höheren Leitungsebenen weitergegeben, wo sie konkretisiert, zusammengefasst und mit Anforderungen des Unternehmens abgeglichen werden. Die endgültige Entscheidung trifft die oberste Leitungsebene. Das Modell führt zu einer höheren Motivation der unteren Ebenen, kann jedoch auch zu Widersprüchen in den Teilplänen führen und ist mit einem hohen Koordinierungsaufwand verbunden.

Bottom-Up-Verfahren

Planung durch Führung im Bottom-Up-Verfahren wird auch als progressive Planung bezeichnet. Dabei werden alle Führungsebenen in die Planung eingebunden, beginnend mit der untersten Ebene, dem Lower-Management. Ziel ist es, möglichst praxisnah mit den Erfahrungen der Basis zu arbeiten.

BWL

Organisationsformen

- Das von Henri Fayol entwickelte Einliniensystem folgt dem Grundsatz der Einheit der Auftragserteilung: Jede Stelle ist nur einer einzigen Instanz unterstellt.
- Beim Stab-Liniensystem werden Entscheidern Berater in Form eines Stabes zur Seite gestellt, der keine Weisungsbefugnis hat.
- Beim Mehrliniensystem nach F. W. Taylor („Funktionsmeistersystem") wird ein Universalmeister von sogenannten Funktionsmeistern ersetzt, die Spezialisten auf ihrem Gebiet sind.
- Die Matrixorganisation strukturiert Bereiche nach betrieblichen Funktionen (z.B. Beschaffung, Produktion) und Projekten. Dadurch haben jeweils nur die involvierten Stellen Kontakt.

Organisationsformen

Organisation als betriebliche Funktion umfasst die Strukturierung und Koordinierung von Personen, Sachmitteln und Informationen zur Erreichung unternehmerischer Ziele.

Welche Organisationsformen sollten Sie kennen?

BWL

Dimensionale Führungsstile

- **eindimensionaler FS:** hierarchisch, bewegt sich zwischen autoritär und kooperativ.
- **zweidimensionaler FS:** Hier sind Mitarbeiterorientierung und Aufgabenorientierung wichtige Dimensionen. Je nach Ausprägung des Führungsverhaltens wird die eine oder andere Dimension bedient.
- **dreidimensionaler FS:** Hier wird zusätzlich eine situative Komponente einbezogen. Je nach Bedarf kann der Führende seinen Stil effektiv oder ineffektiv gestalten (Reddin-Modell). Ein weiterer Stil ist das Modell nach Hersey/Blanchard, das den Reifegrad der Mitarbeiter einbezieht.
- **vierdimensionaler FS:** Ansätze, zukünftige Entwicklungen zu betrachten und zu berücksichtigen.

Dimensionale Führungsstile

Neben den klassischen Führungsstilen (FS) haben sich sogenannte dimensionale Führungsstile herausgebildet. Sie versuchen, verschiedene Ebenen und Einflussgrößen miteinander zu verbinden. Dabei werden eindimensionale, zweidimensionale, dreidimensionale und vierdimensionale Stile unterschieden. Daneben gibt es tradierende Führungsstile (Max Weber) wie den patriarchalischen (Vaterfigur), charismatischen (Führerpersönlichkeit), bürokratischen (Dienstanweisungen) sowie autokratischen (Druckmittel) und gruppenbezogene Führungsstile (Horst-Joachim Rahn).

BWL

Unternehmensphilosophie

Unternehmerische Philosophien formulieren meist mehrere Zielbereiche:

- wirtschaftliche Ziele wie Marktführerschaft, Besetzung bestimmter Märkte, Produktqualität
- moralisch-ethische Ziele wie Handeln der Mitarbeiter untereinander, gegenüber den Kunden, gegenüber der Umwelt
- äußere Wahrnehmung wie Marketing, CI, Kommunikationskultur, PR-Arbeit

Eine Unternehmensphilosophie kann von der Unternehmensführung allein oder unter Einbeziehung der Mitarbeiter entwickelt werden. Sie kann Grundstein für eine Unternehmensidentität sein oder aus einer bestehenden Unternehmenskultur hervorgehen.

Unternehmensphilosophie

Eine Unternehmensphilosophie formuliert eine Vision, eine Wunschvorstellung, die beschreibt, welchen Anspruch ein Unternehmen hat, wie es agieren soll und wie es wahrgenommen werden will. Hierbei können sowohl übergeordnete Leitziele in Bezug auf die Produkte als auch auf das inner- und außerbetriebliche Handeln formuliert werden.

BWL

Managementprozess

- **Zielsetzung:** Definition von Zielvorgaben.
- **Planung:** Entwicklung von Lösungsansätzen und Strategien zur Umsetzung der Ziele, Gewichtung von Komponenten wie Zeit, Kosten und Personal.
- **Entscheidung (Organisation):** Auswahl der optimalen Variante, Festlegung und Organisation der Vorgehensweise.
- **Durchführung:** Umsetzen der Vorgaben, Erstellen der Leistung.
- **Kontrolle:** Auswertung der Ergebnisse, Feedback, Fehlerortung.

Mit den Erfahrungen eines Projektes können neue Ziele korrigiert, angepasst oder bestätigt werden und der Prozess beginnt von neuem (Managementregelkreislauf).

Managementprozess

Im Rahmen einer strukturierten Führung werden typische Punkte und Phasen durchlaufen. Werden diese miteinander verbunden, erhält man den sogenannten Managementprozess oder Managementregelkreislauf.

Was wird darunter verstanden?

BWL

Management

Die Unternehmensführung selbst gliedert sich in drei Ebenen:

- Top-Management: höchste Stufe, oberste Führungsebene, meist bestehend aus dem Vorstand, Inhaber o.ä.
- Middle-Management: mittlere Führungsebene, meist bestehend aus Bereichsleitern, Gebietsleitern etc.
- Lower-Management: untere Führungsebene, bestehend aus Abteilungsleitern, Meistern o.ä.

Die Hierarchieebenen sind nicht zwangsläufig alle vorhanden; je nach Größe des Unternehmens kann es auch nur eine oder zwei Stufen geben.

Management

Alle betrieblichen Funktionen sollen möglichst wirtschaftlich ablaufen und müssen daher geplant, gesteuert und kontrolliert werden. In Bezug auf die Unternehmensführung (Management) gibt es verschiedene Ansätze. Klassische Ansätze sind der Top-Down-Ansatz, der Bottom-Up-Ansatz und das Gegenstromverfahren.

In welche Bereiche gliedert sich die Unternehmensführung selbst?

BWL

Marketing

Der Begriff Marketing umschreibt alle Aktivitäten, die dazu dienen, einem Unternehmen und seinen Produkten eine positive Wahrnehmung zu verschaffen, wobei ein deutlicher Fokus auf den Interessen und Wünschen der (potentiellen) Kunden liegt. Modernes Marketing umfasst weit mehr als nur Werbung, sondern reicht bis in die Produktentwicklung hinein. Der von Jerome McCarthy eingeführte klassische Marketing-Mix kombiniert vier Bereiche:

- Kommunikationspolitik
- Preispolitik (auch: Kontrahierungspolitik)
- Produktpolitik
- Distributionspolitik (auch: Distributions-Mix, Distribution Policy)

Marketing

Marketing ('to go on the market') spielt wirtschaftlich eine immer größere Rolle und ist zu einem tragenden Element geworden. War es früher eng der Funktion des Absatzes angegliedert, so wird Marketing im Rahmen der zunehmenden Prozessorientierung mehr und mehr als eigenständige betriebliche Funktion betrachtet.

Der Begriff „Marketing" beinhaltet eine Denkhaltung, die davon ausgeht, dass es das Ziel des Unternehmens ist, seine Entscheidungsprozesse auf die Bedürfnisse der Kunden auszurichten. Der Nutzen, den das Unternehmen dem Kunden bringt, soll größer sein als der Nutzen der Konkurrenz.

BWL

Personalwesen

Personal ist in allen betrieblichen Funktionsbereichen das tragende Element beim koordinierten Zusammenspiel der Funktionen. Kein Unternehmen kann auf gutes Personal verzichten, wenn es hochwertige Produkte oder Dienstleistungen anbieten will. Die Bereitstellung des optimalen Mitarbeiters für eine bestimmte Aufgabe am richtigen Ort, zur richtigen Zeit, mit der passenden Qualifikation, in der notwendigen Anzahl und zu optimalen Kosten, ist zentrale Aufgabe der Personalplanung. Diese umfasst Personalbestandsplanung, Personalbedarfsplanung, Planung der Personalbeschaffung, Planung der Personalentwicklung, Personaleinsatzplanung, Planung der Personalfreisetzung und das Workforce-Management.

Personalwesen

Das Personalwesen als eigenständige betriebliche Funktion gewinnt in der modernen Unternehmensführung immer mehr an Bedeutung. Dabei geht die Betrachtung weg von dem Verständnis als Funktion im Unternehmen hin zur Prozessorientierung.

Was kennzeichnet das Personalwesen?

BWL

Finanzierung

In Bezug auf Finanzierung werden verschiedene Formen unterschieden.

- **Außenfinanzierung:**
  Unterteilt sich in Eigenfinanzierung (Beteiligungsfinanzierung) und Fremdfinanzierung (Kreditfinanzierung). Eine Sonderform ist die Subventionsfinanzierung. Allen gemein ist, dass dem Unternehmen Kapital von außen zugeführt wird.
- **Innenfinanzierung:**
  Unterteilt sich in Überschussfinanzierung und Finanzierung aus Vermögensumschichtungen. Kennzeichnend ist bei beiden Formen, dass Kapital aus Eigenmitteln aufgebracht wird.

Finanzierung

Während betriebliche Funktionen wie Beschaffung, Produktion oder Absatz Funktionen im Güterstrom sind, ist die Finanzierung eine Funktion im Geldstrom. Sie umfasst alle Maßnahmen, die der Beschaffung und Bereitstellung von Geld und Sachmitteln für die betriebliche Leistungserstellung dienen. Sie ist eine Tätigkeit, die stets neu gelöst und koordiniert werden muss.

BWL

Absatz

Ohne koordinierten Absatz kann ein Unternehmen wirtschaftlich nicht überleben. Bei dieser betrieblichen Funktion kommt es vor allem auf die Kommunikation zwischen Anbieter und Nachfrager an. Beschränkte sich der Absatz bis zum Anfang der 1970er Jahre auf den reinen Verkauf von Produkten und Dienstleistungen, so wurde danach eine weitere Komponente berücksichtigt: das Marketing. Damals trat eine flächendeckende Sättigung der Märkte ein, sodass sich die Marktmacht hin zum Kunden verschob. Daraus folgte eine stärkere Gewichtung von Elementen wie Marketing, Kundenorientierung, Werbung und Corporate Identity, die alle zum Ziel haben, dem Absatz Grundlagen zu verschaffen.

Absatz

Die betriebliche Funktion Absatz befasst sich mit dem Verkauf und der Vermarktung von Dienstleistungen und Produkten. Der Absatz bildet den Abschluss des betrieblichen Leistungserstellungsprozesses und dient primär dazu, Erlöse im Unternehmen zu erwirtschaften.

BWL

Fertigung

- **Potentialorientierte Phase:**
  Der Anbieter stellt sein Leistungsvermögen zur Verfügung (Räume, Patente, Maschinen).
- **Prozessorientierte Phase:**
  Das bereitgestellte Potential wird mit dem Objekt oder Wunsch des Nachfragers kombiniert. Der externe Faktor (Kunde) wird dabei integriert. Typisch: Kommunikation bezüglich Kundenwünschen und Entwürfen.
- **Ergebnisorientierte Phase:**
  Der Kunde untersucht die Dienstleistung auf Nutzenstiftung. Meist soll eine dauerhafte Zustandsänderung erreicht werden, also ein Problem oder eine Aufgabe soll durch die Dienstleistung gelöst werden.

Fertigung

Die betriebliche Fertigung stellt das Bindeglied zwischen Beschaffung und Absatz dar. Hier werden Rohstoffe, Hilfsstoffe und Betriebsstoffe umgewandelt und kombiniert, um Produkte und Leistungen zu erzeugen. Innerhalb der Fertigung werden verschiedene Phasen unterschieden. Außerdem werden Industrieproduktion (Waren, Gegenstände) und Dienstleistungsproduktion (immaterielle Leistungen) unterschieden.

BWL

Betriebliche Funktionen

Die Beschaffung stellt alles zur Verfügung, was zur Produktion benötigt wird (beinhaltet z.B. Einkauf und Beschaffungslogistik). Die Fertigung ist der Prozess der Transformation, der aus Roh- oder Ausgangsstoffen unter Einsatz von Energie, Arbeitskraft und Produktionsmitteln Wirtschafts- oder Gebrauchsgüter erzeugt. Der Absatz beinhaltet alle Aktivitäten zum Vollzug der Leistungsverwertung, die in Verkauf oder Vertrieb münden. Die Finanzierung schafft die finanziellen Grundlagen der Produktion, das Personal arbeitet in allen Funktionsbereichen und das Marketing sichert und verbessert den Bekanntheitsgrad der Produkte in der Öffentlichkeit.

Betriebliche Funktionen

Damit im Unternehmen etwas produziert werden kann, müssen interne Produktionsfaktoren (Rechte, eigene Einrichtungen, Kreativität, etc.) und externe Produktionsfaktoren (andere Kooperationspartner, Räume des Auftraggebers, Mitarbeit der Kunden, etc.) sinnvoll miteinander kombiniert werden.

Ebenso müssen aber auch die betrieblichen Funktionen optimal miteinander verbunden werden und miteinander kooperieren, damit am Ende das verkaufsfähige Produkt oder die Dienstleistung steht.

BWL

ABC-Analyse

A-Güter haben einen großen Wertanteil bei geringer Stückzahl (z.B. Motoren, komplette Komponenten)
B-Güter weisen ein ausgewogenes Verhältnis zwischen Wert- und Mengenanteil auf (Rohstoffe, Einzelteile)
C-Güter haben einen großen Mengenanteil bei einem geringen Wertanteil (Schrauben, Nägel, Kleinteile)

Die Beschaffung kann optimiert werden, wenn A-Güter möglichst just-in-time bestellt und intensiv Angebote verglichen werden, um eine zu hohe Kapitalbindung im Lager zu vermeiden sowie die optimale Qualität im Verhältnis zum Preis zu erhalten.

ABC-Analyse

Die ABC-Analyse (auch: Programmstrukturanalyse) dient in der BWL für mehrere Zwecke. Klassisch wird sie in der Beschaffung eingesetzt, jedoch kann sie auch bei der Analyse der Kundenstruktur im Marketing sowie im Bereich der Kosten- und Leistungsrechnung genutzt werden. Die zu betrachtenden Größen werden dafür jeweils individuell ausgewählt.

In der Beschaffungsplanung werden die Materialien zumeist nach Menge und Wertigkeit aufgeteilt.

BWL

Beschaffung

Zwei Möglichkeiten: Eigenfertigung (make) und Fremdbezug (buy). Eigenfertigung wird gewählt, wenn sie kostengünstiger ist und Kapazitäten zur Verfügung stehen, Fremdbezug wird bevorzugt, wenn Know-how fehlt oder rechtliche Voraussetzungen nicht erfüllt sind.

Ablauf der Beschaffung:

- Beschaffungsplanung
- Beschaffungsdurchführung
- Beschaffungskontrolle

In Bezug auf die Beschaffung unterscheidet man das Bestellrhythmusverfahren und das Bestellpunktverfahren. Angebotsvergleiche helfen, das beste Angebot zu ermitteln.

Beschaffung

Am Anfang jeder Produktion steht die Beschaffung.

Unter diesem Begriff werden alle Aktivitäten zusammengefasst, die darauf zielen, dem Unternehmen jene Produktionsfaktoren zur Verfügung zu stellen, die es zur Zielerfüllung benötigt.

BWL

Kundengruppen

- Stammkunden sind Kunden, bei denen eine Bindung ans Unternehmen gelungen ist. Sie kaufen dauerhaft und tragen einen großen Teil zum Umsatz bei.
- Laufkunden (Gelegenheitskunden) sind solche, die einmal kaufen oder sporadisch mit dem Unternehmen Geschäfte machen.
- Potentielle Kunden sind Personen, die noch nicht beim Unternehmen gekauft haben, jedoch Interesse signalisiert haben, in Verhandlungen stehen oder als Zielgruppe interessant sind.

Daneben gibt es noch Einteilungen wie Mehrfachkunden, Einzelkunden, Privatkunden, gewerbliche Kunden etc.

Kundengruppen

Kunden sind für jedes Unternehmen wichtig, denn sie entscheiden über Umsatzhöhe, Marktanteile und Aufstieg oder Untergang. Die Zielgruppendefinition ist für jedes Unternehmen von Bedeutung.

In welche Kategorien werden Kunden eingeteilt?

BWL

Das Wettbewerbsdreieck

Betrachtet werden im Wettbewerbsdreieck:

- **Anbieter (das eigene Unternehmen):** eigenes Marktverhalten
- **Konkurrenten (Wettbewerb):** die Konkurrenz, die Beurteilung der angebotenen Leistungen
- **Nachfrager (das Kaufverhalten):** die konkreten und potentiellen Kunden

Alle drei Faktoren verschieben sich ständig gegeneinander. Zwei Strategien sind typisch: **Qualitätsstrategie** (Positionierung über hochwertige Leistungen und höhere Preise) oder **Kostenführerschaft** (gleiche oder ähnliche Produkte wie die der Konkurrenz werden zu einem günstigeren Preis angeboten).

Das Wettbewerbsdreieck

Ein Unternehmen muss sich am Markt behaupten und ist dabei verschiedenen Faktoren unterworfen, die teilweise im Konflikt miteinander stehen. In der BWL werden die wichtigsten davon in einem Dreieck dargestellt, um die Dynamik der Märkte und die Einbindung des Unternehmens in diese darzustellen.

Wie sieht das Wettbewerbsdreieck der BWL aus?

BWL

Kooperation & Konzentration

Es gibt horizontale Zusammenschlüsse, also Unternehmen der gleichen Produktionsstufe, wie Tischlereien, vertikale Zusammenschlüsse, Unternehmen von nachgelagerten Produktionsstufen wie Tischlereien und Möbelhäuser und diagonale (auch laterale oder anorganische) Zusammenschlüsse. Das sind Unternehmen, die völlig unterschiedliche Dinge anbieten, wie Tischlereien und Lebensmittelhersteller.

Klassisch sind sogenannte Interessengemeinschaften, oder Beschaffungsverbünde. Sie dienen dazu, Kosten zu sparen (durch Mengenrabatte) oder Brancheninteressen besser vertreten zu können (größerer Einfluss, bessere Wahrnehmung).

Kooperation & Konzentration

Kooperationen und Konzentrationen dienen dazu, wirtschaftliche Vorteile zu nutzen und Konkurrenz zu vermeiden. Kooperation liegt vor, wenn sich Unternehmen durch Verträge zu gegenseitiger Zusammenarbeit verpflichten. Die Unternehmen bleiben dabei auch weiterhin selbstständig.

Bei einer Konzentration geben die Unternehmen ihre wirtschaftliche Selbstständigkeit auf und werden oft einer zentralen Leitung unterstellt (Holding). Daneben kann auch noch die rechtliche Selbstständigkeit aufgegeben werden und ein Trust entsteht durch Firmenfusion.

BWL

Standortwahl

- Kundennähe: Zielgruppe im direkten Umfeld, genügend Parkplätze, etc.
- Konkurrenz: Mitbewerber vor Ort? Können Marktanteile gesichert werden?
- Verkehrsanbindung, Versorgung: Erreichbarkeit für alle Ver- und Entsorger, Zulieferer (hohe Kosten z.B. auf Inseln)
- Arbeitskräfte: geeignete Mitarbeiter (Qualifikationen, Anzahl)
- Kosten – einmalig und dauerhaft
- Behördliche Auflagen: Lärmschutz, Naturschutz, Abwasser

Diese Faktoren sind alle in ein möglichst optimales Verhältnis zueinander zu bringen. Bestimmung durch Punktvergabesystem und Gewichtung der Faktoren.

Standortwahl

Dem Standort kommt im betriebswirtschaftlichen Zusammenhang eine zentrale Bedeutung zu. Er kann für Erfolg oder Misserfolg eines Unternehmens bestimmend sein. Gerade bei Unternehmen, die umfangreiche Gebäude und Anlagen benötigen, muss die Standortwahl sorgfältig und nach klar definierten Faktoren erfolgen.

Was ist bei der Standortwahl zu beachten?

BWL

Wirtschaftlichkeit

Beispiel:
Ein Betrieb hat 50.000 Euro Aufwendungen (Material, Lohnkosten etc.) und erwirtschaftet einen Umsatz von 75.000 Euro.
75.000 Euro * 100 = 150 % von 50.000 Euro

Die Wirtschaftlichkeit liegt in diesem Beispiel deutlich über 100 %, d.h. der Betrieb erwirtschaftet Überschüsse, er ist wirtschaftlich positiv. Zu beachten ist, dass Produktivität und Wirtschaftlichkeit sich nicht immer proportional entsprechen. Verschiedene Faktoren beeinflussen die Kennzahlenberechnungen, sodass die Produktivität bei gleichzeitigem Absinken der Wirtschaftlichkeit höher liegen kann.

Wirtschaftlichkeit

Die Wirtschaftlichkeit eines Unternehmens gibt an, wie groß die Effizienz zwischen eingesetzten Produktionsfaktoren und erwirtschafteten Erträgen ist. Hier werden Erträge ins Verhältnis zu Aufwendungen gesetzt (in Geldeinheiten GE). Im Unterschied zur Rentabilität, wo der Gewinn betrachtet wird, werden bei der Wirtschaftlichkeit alle Erlöse (also der Umsatz) herangezogen.

Formel:

Ertrag (in GE) * 100 = Wirtschaftlichkeit
in % Aufwand (in GE)

BWL

Produktivität

Formel:
Produktivität = Output/Input oder
Produktivität = Input/Output

Beispiel:
1000 Stück = 10 Stück/min
100 min = 0,1 min/Stück

In unserem Beispiel entstehen zehn Stück in der Minute bzw. wir müssen 0,1 Minuten aufwenden, um ein Stück zu produzieren. Die Kennzahl wird gern im Vergleich über mehrere Abrechnungsperioden betrachtet, um Entwicklungen im Unternehmen aufzuzeigen.

Produktivität

Die Kennzahl Produktivität beschreibt das Verhältnis zwischen Ausbringungsmenge (Output) und Einsatzmenge (Input). Zu beachten ist hierbei, dass die Werte keine Geldeinheiten sind und keine Multiplikation mit 100 stattfindet. Es werden also keine prozentualen Werte errechnet! Meist werden produzierte Stückeinheiten auf Arbeitsstunden oder Materialeinsatz verteilt.

BWL

Erfolgsmessung

Im GuV-Konto werden die Aufwendungen des Unternehmens von den Erträgen innerhalb einer Abrechnungsperiode abgezogen. Je nachdem, auf welcher Kontoseite der Wert höher ist, handelt es sich um Gewinn oder Verlust. Anhand der Verhältnisse (oft in Prozent) lässt sich ablesen, wie das Unternehmen aufgestellt ist.

Beispiel: Eine Eigenkapitalquote von 65% bedeutet, dass im eingesetzten Gesamtkapital 65% Eigenkapital enthalten sind, die Firma also überwiegend mit eigenen Mitteln arbeitet und wenig verschuldet ist. Neben dem GuV-Konto gibt es Kennzahlen für Rentabilität, Produktivität, Wirtschaftlichkeit, Cashflow und vieles andere.

Erfolgsmessung

Die BWL benutzt sogenannte Kennzahlen, die zur Messung bestimmter Werte dienen. Um zu ermitteln, ob ein Unternehmen gut wirtschaftet, kann man unterschiedliche Werte im Verhältnis zueinander betrachten. Bekanntester Vertreter ist das GuV-Konto (GuV: Gewinn und Verlust). Dieses Konto gibt im Rechnungswesen Auskunft darüber, ob Gewinn oder Verlust entstanden ist.

BWL

Wirtschaftsprinzipien

Der überwiegende Teil der Unternehmen ist erwerbswirtschaftlich ausgerichtet. Gemeinwirtschaftlich ausgerichtet sind oftmals öffentliche Einrichtungen. Ihre Aufgabe besteht darin, die Bevölkerung mit Dienstleistungen oder Produkten, die nicht unbedingt rentabel sind und deshalb von der freien Wirtschaft kaum angeboten werden, in ausreichendem Maße zu versorgen. Gemeinwirtschaftliche Einrichtungen sind oft als „gemeinnützig" eingestuft. Kostendeckung wird angestrebt - erzielte Gewinne müssen allerdings wieder den eigentlichen gemeinnützigen Zwecken zugute kommen. Genossenschaften sind allein den Interessen ihrer Mitglieder verpflichtet und setzen deren Entscheidungen um.

Wirtschaftsprinzipien

Die Art und Weise des Wirtschaftens kann nach unterschiedlichen Prinzipien ausgerichtet werden. Hauptaspekt ist dabei der Zweck, den das jeweilige Unternehmen verfolgt. Die Wirtschaftsausrichtung kann außerdem für die Steuer, die Wahl der Rechtsform und buchhalterische Bereiche von Bedeutung sein.

- erwerbswirtschaftliches Prinzip (Gewinnerzielungsabsicht und Expansion stehen im Vordergrund)
- gemeinwirtschaftliches Prinzip (Kostendeckung und Versorgung der Bevölkerung stehen im Vordergrund)
- genossenschaftliches Prinzip (die Interessen der Mitglieder stehen im Vordergrund)

BWL

Betriebsarten

Dabei ist zu beachten, wie sich die Anteile der einzelnen Branchen entwickeln. Allgemein anerkannt ist, dass Deutschland eine Dienstleistungsgesellschaft ist, d.h. der Anteil von Dienstleistungs- und Versorgungsunternehmen ist in der BRD am stärksten vertreten (ca. 60%). Früher war Deutschland dagegen ein Industriestandort, in dem die erzeugenden und verarbeitenden Unternehmen überwogen (bis in die 1970er Jahre). Zukünftig wird wahrscheinlich die Informations- und Kommunikationsbranche die führende Rolle übernehmen, da sich durch Globalisierung die weiteren Betriebsarten in andere Länder verlagern.

Betriebsarten

Die Betriebe werden je nach Ihrer Ausrichtung unterschiedlichen Sektoren zugeordnet. Dabei werden klassisch drei Bereiche unterschieden:

- Gewinnungs- oder Erzeugungsbetriebe:
  z.B. Bergbau, Forst-, Landwirtschaft
- Verarbeitungsbetriebe:
  z.B. Tischlereien, Glasereien, Bäckereien
- Handelsbetriebe:
  z.B. Großhändler, Einzelhändler, Banken

Zunehmend wird ein vierter Bereich hinzugerechnet, die Kommunikationsbranche. Hier finden sich Informationsbetriebe wie beispielsweise IT-Anbieter, Telefongesellschaften, Preisvergleichsportale.

BWL

Betrieb & Unternehmung

- Im Betrieb werden Produktionsfaktoren gezielt miteinander verknüpft, um eine konkrete Leistung (Produkte, Waren, Dienstleistungen) herzustellen. Im Betrieb geschieht also real etwas, es wird eine Produktion betrieben.
- Das Unternehmen bildet eine Art theoretischen Überbau. Es ist gekennzeichnet durch eine bestimmte Rechtsform, selbstständiges Handeln am Markt, eine bestimmte Form der Finanzierung und eine Leitung (strategische Ausrichtung). Ein Unternehmen kann mehrere Betriebsstätten unterhalten. Das Unternehmen umfasst also mehr als nur den Betrieb.

Betrieb & Unternehmung

Betrieb ist nicht gleich Unternehmung bzw. Unternehmen – auch, wenn die Begriffe gern synonym verwendet werden.
Im Moment streiten sich die Experten noch über eine allgemeingültige Definition. In der BWL wird der Betrieb meist als Ort der konkreten Leistungserstellung betrachtet. Das Unternehmen dagegen ist das organisatorisch-rechtliche Konstrukt oder die wirtschaftliche Einheit.

BWL

Gewinn

Beim Wirtschaften geht es darum, einen möglichst hohen positiven Überschuss (Gewinn) zu erwirtschaften. Wenn man einen erzielten Umsatz nimmt und von ihm alle anfallenden Kosten für die Herstellung einer verkaufsfähigen Leistung (Produkte, Dienstleistungen) abzieht, erhält man den Gewinn. Jetzt zeigt sich, ob das Unternehmen gut kalkuliert hat und der Preis kostendeckend war! Der Gewinn ist aber auch direkt abhängig von der Menge der verkauften Produkte. Es wird daher der Stückgewinn (g) je verkaufter Einheit und der Gesamtgewinn (G) in Bezug auf die verkaufte Menge unterschieden.

Gewinn

Gewinn ist der Überschuss, der nach Abzug aller Kosten vom Umsatz übrig bleibt.

Formel:

Gewinn (G) = Umsatz (U) – Kosten (K)

Der Gewinn kann positiv oder negativ sein: positiv, wenn die Kosten kleiner sind als der Umsatz, negativ, wenn die Kosten größer sind als der Umsatz.

Formel:

$(-)G = K > U$ (rote Zahlen)
$(+)G = K < U$ (schwarze Zahlen)

BWL

Umsatz

Umsatz darf nicht mit Gewinn verwechselt werden, denn im Umsatz sind noch alle Kosten und Aufwendungen enthalten, die im Unternehmen angefallen sind – etwa für Material, Löhne, Energie oder Steuern. Wenn diese vom Umsatz abgezogen werden, kann die verbleibende Summe (der Gewinn) sehr klein werden oder sogar negativ sein. Ein hoher Umsatz sagt also noch nichts über den Gewinn im Unternehmen aus.

Achtung: Oft machen Unternehmer den Fehler, sich von hohen Umsätzen blenden zu lassen, ohne die Kosten im Auge zu behalten.

Umsatz

Bei jeder Geschäftstätigkeit, bei der Geld eingenommen wird, entsteht Umsatz: Waren und Dienstleistungen werden umgesetzt, d.h. gegen Geld oder andere Leistungen getauscht. Die dabei entstehenden Einnahmen werden zum Umsatz (auch: Umsatzerlöse).

Formel:

U Umsatz = Menge der abgesetzten Produkte (x) * Preis des Produktes (p)

BWL

Kosten

- **Grundkosten:** alle direkt in der ermittelten Höhe anfallenden Kosten
- **Zusatzkosten (kalkulatorische Kosten):** fallen nicht als realer Geldwert an - z.B. Mietausgaben, die nicht anfallen, weil die Gebäude Firmeneigentum sind.
- **Anderskosten:** Kosten, die nur teilweise oder vermittelt betrachtet werden - z.B. Kosten für einen einmaligen Schaden in zehn Jahren die pro Jahr nur zu zehn Prozent angesetzt werden.
- **Aufwendungen:** Wertminderung im Unternehmen (z.B. Wertverlust eines Kfz pro Jahr)
- **Ausgaben:** alle Investitionen ins Unternehmen (z.B. der Blumenstrauß für die Sekretärin zum Geburtstag)

Kosten

Mit Kosten wird der in Geld bewertete Einsatz von Produktionsfaktoren bezeichnet. Alle eingesetzten Produktionsfaktoren besitzen einen Wert. Durch ihren Verbrauch bei der Leistungserstellung können diese Geldwerte anhand der Menge der eingesetzten Faktoren ermittelt werden. So erhält man eine Summe der Mittel, die für die Produktion anfallen. Neben Kosten werden Aufwendungen und Ausgaben unterschieden.

BWL

Abgrenzung BWL und VWL

- Die Betriebswirtschaftslehre (BWL) beschäftigt sich mit konkreten Vorgängen und Prozessen, die in Betrieben und Unternehmen ablaufen. Mit ihrer Hilfe werden Abläufe messbar gemacht, Planungen durchgeführt und Kennzahlen ermittelt.
- Die Volkswirtschaftslehre (VWL) untersucht wirtschaftliche Zusammenhänge im staatlichen oder globalen Rahmen, entweder in Bezug auf einzelne wirtschaftliche Einheiten (Mikroökonomie) oder gesamtwirtschaftlich (Makroökonomie).

VWL und BWL sind Teilgebiete der Wirtschaftswissenschaften (auch: Ökonomik).

Abgrenzung BWL und VWL

Die Volkswirtschaftslehre (VWL) beschäftigt sich ganz allgemein mit der Frage, wie Menschen unter dem Aspekt der Knappheit handeln. Dazu kommen häufig theoretische Modelle oder statistische Methoden zum Einsatz, da aufgrund der Komplexität und Größe der Wirtschaftssubjekte nicht alle Abläufe real betrachtet werden können oder zu viele unbekannte Einflussgrößen wirksam sind.

Wie lässt sich eine Abgrenzung von BWL zu VWL noch darstellen?

BWL

Produktionsfaktoren

Betriebsmittel sind alle die Dinge und Leistungen, die mehrfach eingesetzt werden können (hierzu gehören auch Rechte). Sie nutzen sich nur langsam ab und dienen direkt zur Be- und Verarbeitung der Werkstoffe. Werkstoffe dagegen sind Materialien, die umgeformt, bearbeitet, verbraucht werden. Sie fließen direkt in das verkaufsfähige Produkt ein und stehen danach nicht mehr zur Verfügung. Neben den Rohstoffen gibt es Hilfsstoffe (z.B. Backmittel für Brot) und Betriebsstoffe (Öl, Kraftstoff). Der dispositive Faktor ist der Teil der menschlichen Arbeit, der nicht die produktive Arbeit, sondern die verwaltenden und schöpferischen Tätigkeiten abdeckt.

Produktionsfaktoren

Die Produktionsfaktoren der Betriebswirtschaftslehre stellen die Komponenten dar, die im Betrieb möglichst optimal miteinander kombiniert werden sollen. Was verstehen wir nun genau darunter? Es lassen sich drei Elementarfaktoren betrachten, die für eine Produktion unabdingbar sind:

- Betriebsmittel
- Werkstoffe
- produktive (ausführende) Arbeit

Zusätzlich kann der dispositive Faktor – das ist der planende, steuernde und organisierende Teil der Arbeit, das Management – betrachtet werden.

BWL

Ökonomisches Prinzip

Das ökonomische Prinzip wird unterteilt in Minimalprinzip und Maximalprinzip.

› Minimalprinzip: Hier wird versucht, das vorgegebene Ziel mit den geringsten Mitteln zu erreichen, also z.B. eine umfangreiche Marketingkampagne von einer Woche Dauer mit direkter Zielgruppenansprache von 50.000 Kontakten über Flyer, Briefe etc. mit geringsten Kosten und geringstem Arbeitseinsatz zu realisieren.

› Maximalprinzip: Hier wird versucht, mit den gegebenen Mitteln ein maximales Ergebnis zu erzielen, also z.B. mit einem Budget von 10.000 Euro so viele sinnvolle und effiziente Marketingaktivitäten wie möglich umzusetzen.

Ökonomisches Prinzip

Das ökonomische Prinzip zieht sich durch alle Bereiche der Wirtschaft und des Lebens. Der Mensch wird dabei als Homo oeconomicus betrachtet, der bestrebt ist, Produktionsfaktoren optimal miteinander zu verknüpfen, Kosten zu vermeiden und effizient zu handeln. Es wird auch als Rationalprinzip bezeichnet, da es rationales Handeln als Grundlage hat. Entsprechend dieses Prinzips besteht das Ziel der Unternehmen in der Gewinnmaximierung (Rentabilität, Umsatzsteigerung...) das der Haushalte bzw. Konsumenten in der Nutzenmaximierung (es wird diejenige Entscheidung getroffen, die den größtmöglichen Nutzen verspricht).

BWL

Das Prinzip der Knappheit

Knappheit bestimmt die Notwendigkeit des Wirtschaftens: Der Mensch versucht, knappe Rohstoffe und Arbeit so miteinander zu kombinieren, dass möglichst viele Güter produziert und verkauft werden. Aus Sicht des Verbrauchers bedeutet das Prinzip der Knappheit, dass man versucht, mit knappen Gütern (Geld) so viele Waren und Dienstleistungen zu erhalten wie möglich. Wenn alles unbegrenzt vorhanden wäre, bräuchten wir nicht zu wirtschaften, sondern könnten aus unendlichen Ressourcen schöpfen. Je knapper ein Gut, desto begehrter ist es und desto höher ist sein Wert, der im Preis zum Ausdruck kommt. Unbegrenzt vorhandene Güter (z.B. Luft) haben keinen Preis, sondern sind kostenlos.

Das Prinzip der Knappheit

Menschen haben Bedürfnisse, die mit den in der Natur vorhandenen Rohstoffen allein nicht gedeckt werden können. Die Wirtschaft stellt sich die Aufgabe, Waren und Dienstleistungen herzustellen, die der planvollen Befriedigung menschlicher Bedürfnisse dienen. Dabei entstehen Güter, die als Waren auf dem Markt gehandelt werden – entweder im Tauschhandel oder gegen Geld.

Wirtschaftliches Handeln bedeutet „effizient" zu handeln. Effizienz misst sich im Verhältnis von Input/Output oder Leistung/Kosten.

BWL

Rentabilität – ROI, ROE

- Die Gesamtkapitalrentabilität (ROI) betrachtet den Überschuss inkl. Zinsen für Fremdkapital (FK) prozentual im Verhältnis zum eingesetzten Kapital:
  (Gewinn + Zinsen FK) * 100 = GK-Rentabilität in %
  gesamtes Kapital (EK + FK)
- Die Eigenkapitalrentabilität (ROE) betrachtet den Gewinn im Verhältnis zum eingesetzten Eigenkapital (EK). Sie sagt aus, ob Geld in der Firma richtig angelegt ist oder ob es auf der Bank rentabler wäre.
  Gewinn * 100 = Eigenkapitalrentabilität in %
  Eigenkapital
- Die Umsatzrentabilität gibt an, wie viel Gewinn je 100 Euro Umsatz entstanden ist: Gewinn * 100 = Umsatzrentabilität in %
  Umsatz

Rentabilität – ROI, ROE

Die Kennzahl Rentabilität gibt an, wie stark sich eingesetztes Kapital im Geschäftsprozess verzinst. Dabei wird betrachtet, wie groß der Überschuss im Verhältnis zum Kapital ausfällt. Gängige Größen sind hier die Gesamtkapitalrentabilität (ROI = Return on Investment), die Eigenkapitalrentabilität (ROE = Return on Equity) und die Umsatzrentabilität.

BWL

Cashflow

Formel:

Gewinn nach Steuern (z.B. 400.000 Euro)
+ Abschreibungen (z.B. 220.000 Euro)
+ Bildung Rückstellungen (z.B. 100.000 Euro)
- Auflösung Rückstellungen (z.B. 0 Euro)
= Cashflow (z.B. 720.000 Euro)

Rückstellungen können Rücklagen für Pensionen, Schadensfälle, etc. sein. Diese können nur aus erwirtschafteten Überschüssen gebildet werden. Gewinn nach Steuern ist der Gewinn, der real zum Verteilen übrigbleibt. In unserem Beispiel beträgt der Gewinn also 400.000 Euro, jedoch sind dem Unternehmen in Wirklichkeit 720.000 Euro zugeflossen. Diese bilden den Cashflow.

Cashflow

Der Cashflow („Kassenzufluß“) beschreibt, wie viele erwirtschaftete Mittel zur Verteilung (Gewinnausschüttung, Finanzierungen, Rücklagen, etc.) verfügbar sind.

Der Cashflow ist nicht gleichzusetzen mit dem Gewinn oder Umsatz! Beim Gewinn werden nur die liquiden Überschüsse betrachtet, beim Umsatz nur die liquiden Zuflüsse. Der Cashflow beinhaltet auch auszahlungsunwirksame Posten wie Abschreibungen (Wertverluste, die steuerlich absetzbar sind).

BWL

Rechtsformen II

- **Offene Handelsgesellschaft (OHG):** mind. zwei Personen, alle Vollhafter, Gesellschaftsvertrag, Rechtsgrundlagen im HGB, alle Mitglieder haben gleiche Rechte und Pflichten.
- **Gesellschaft mit beschränkter Haftung (GmbH):** Haftung durch Gesellschaftsvermögen (Stammkapital i.d.R. 25.000 Euro), Führung durch angestellten Geschäftsführer, evtl. Aufsichtsrat.
- **Aktiengesellschaft (AG):** Kapitalgesellschaft, mind. eine Person, Haftung durch Gesellschaftsvermögen (Grundkapital i.d.R. 50.000 Euro), Führung durch angestellten Vorstand, Aufsichtsrat kontrolliert Vorstand, Hauptversammlung (Aktionäre) beschließt Interna.

Rechtsformen II

Vor allem für die Geschäftspartner eines Unternehmens ist es wichtig zu wissen, welcher Rechtsform dieses angehört. Die gewählte Rechtsform lässt schließlich eine erste Einschätzung der Zahlungsfähigkeit des Unternehmens zu. So kann das Risiko wirtschaftlicher Verluste besser kalkuliert werden.

BWL

Deckungsbeitragsrechnung

Formel:

DB = U (Umsatz) – kv oder
DB = p (Preis je Stück) - kv

Der Deckungsbeitrag setzt sich aus den Fixkosten und dem Gewinnanteil eines Produktes zusammen. Er dient dazu, die Fixkosten zu decken. Der Preis muss höher sein als die Kosten. Liegt er darunter, wird das Produkt unrentabel. Jedes verkaufte Stück trägt zur Deckung der Fixkosten bei.

Je höher der Deckungsbeitrag, desto schneller können Fixkosten gedeckt werden und desto eher bewegt sich das Unternehmen in der Gewinnzone.

Deckungsbeitragsrechnung

Ein schnelles Mittel zur Berechnung der Kostendeckung von Produkten ist die Deckungsbeitragsrechnung (DB). Dabei werden Kosten in variable und fixe Kosten aufgeteilt:

- Variable Kosten (kv) sind produktionsabhängig, sie variieren mit der Menge der produzierten Güter und Dienstleistungen (Material, Fertigungslöhne).
- Fixe Kosten (kf) sind produktionsunabhängig – also Kosten, die immer anfallen, egal, ob und wie viel produziert wird (Miete, Festgehälter).

BWL

Break-even-Analyse

Ausgangsbasis für die Break-even-Analyse sind die Fixkosten, beispielsweise 100.000 Euro. Sie werden auf die jeweiligen Produkte verteilt, als Grundlage dient der Deckungsbeitrag je Stück (DB).

Beispiel: Bei einem Stückdeckungsbeitrag von 2 Euro ergibt sich beispielsweise folgende Rechnung: 100.000 Euro : 2 Euro = 50.000 Stück. Es müssen also 50.000 Stück verkauft werden, um die anfallenden Kosten zu decken. Das Unternehmen weiß nun, wo die Gewinnschwelle liegt, die überschritten werden muss, um Gewinn zu machen. Verkauft es mehr, erwirtschaftet es mit jedem zusätzlich verkauften Stück einen Gewinn von 2 Euro.

Break-even-Analyse

Um zu ermitteln, wann im Unternehmen Kosten gedeckt sind und ab welcher Verkaufsmenge oder ab welchem Umsatz ein Gewinn eintritt, wird zunächst der Deckungsbeitrag ermittelt. Dann wird eine Break-even-Analyse durchgeführt, um den Break-even-Point (BEP) zu ermitteln. Er bezeichnet die Grenze, die auf jeden Fall durchbrochen werden muss (break-even), um Gewinn zu erwirtschaften. Wird er nicht erreicht, macht das Unternehmen Verlust.

BWL

Rechtsformen I

- **Einzelunternehmen:** Eine Person (Vollhafter) verfügt über alle Rechte und Pflichten.
- **Gesellschaft bürgerlichen Rechts (GbR):** Mindestens zwei Personen, alle Vollhafter, alle Mitglieder haben gleiche Rechte und Pflichten, Rechtsgrundlage ist das BGB.
- **Kommanditgesellschaft (KG):** mind. zwei Personen, ein Vollhafter (Komplementär) und ein Kommanditist, der mit seiner Einlage haftet. Gesellschaftsvertrag, Führung durch Vollhafter, Rechtsgrundlagen im HGB.

Rechtsformen I

Die Wahl der Rechtsform ist für ein Unternehmen zentral, da sie über Kapital, Schutz, Haftung und Führungsbefugnisse Auskunft gibt. Unterschieden wird in Personengesellschaften und Kapitalgesellschaften. Bei der Personengesellschaft haftet mindestens eine natürliche Person mit ihrem Vermögen, bei der Kapitalgesellschaft wird dagegen ein Kapitalbetrag für die Haftung hinterlegt.

BWL

2. Auflage 2012

Claus Heragon (Pseudonym)
Sofortwissen kompakt: BWL
Basiswissen in 50 x 2 Minuten
ISBN 978-3-941574-15-1

Heragon Verlag GmbH
Postfach 1702
D-79017 Freiburg
Internet: www.heragon.de
E-Mail: info@heragon.de

Sofortwissen kompakt
by Heragon Verlag

BWL

Claus Heragon

Sofortwissen kompakt
by Heragon Verlag

Basiswissen in 50 x 2 Minuten